El desfile

Noelia Manzur
ilustrado por Chi Chung

Felisa y Fito ven el desfile.

—Esa es una falda muy bonita —dice Felisa.

—Esta melodía no es de este país —dice Fito.

¡Es un sonido fabuloso!

Felisa imita este paso.
¡Es un paso famoso!

Este es don Julio. Fito y Felisa lo saludan.

—¡Nos gusta esa melodía!

Este animal es bonito. ¿Es de una fábula?

Este desfile tiene de todo.
¡Es el más lindo del mundo!

¡Solo faltaba este balón!
Felisa y Fito lo saludan.

Es el final del desfile.